BEI GRIN MACHT SICH IHR WISSEN BEZAHLT

- Wir veröffentlichen Ihre Hausarbeit, Bachelor- und Masterarbeit

- Ihr eigenes eBook und Buch - weltweit in allen wichtigen Shops

- Verdienen Sie an jedem Verkauf

Jetzt bei www.GRIN.com hochladen und kostenlos publizieren

Bibliografische Information der Deutschen Nationalbibliothek:

Die Deutsche Bibliothek verzeichnet diese Publikation in der Deutschen Nationalbibliografie; detaillierte bibliografische Daten sind im Internet über http://dnb.d-nb.de/ abrufbar.

Dieses Werk sowie alle darin enthaltenen einzelnen Beiträge und Abbildungen sind urheberrechtlich geschützt. Jede Verwertung, die nicht ausdrücklich vom Urheberrechtsschutz zugelassen ist, bedarf der vorherigen Zustimmung des Verlages. Das gilt insbesondere für Vervielfältigungen, Bearbeitungen, Übersetzungen, Mikroverfilmungen, Auswertungen durch Datenbanken und für die Einspeicherung und Verarbeitung in elektronische Systeme. Alle Rechte, auch die des auszugsweisen Nachdrucks, der fotomechanischen Wiedergabe (einschließlich Mikrokopie) sowie der Auswertung durch Datenbanken oder ähnliche Einrichtungen, vorbehalten.

Impressum:

Copyright © 2014 GRIN Verlag
Druck und Bindung: Books on Demand GmbH, Norderstedt Germany
ISBN: 9783668642768

Dieses Buch bei GRIN:

https://www.grin.com/document/413311

Janine Weber

Ist Minne gleich Minne? Untersuchungen zur Minnekonzeption bei Walther von der Vogelweide

GRIN Verlag

GRIN - Your knowledge has value

Der GRIN Verlag publiziert seit 1998 wissenschaftliche Arbeiten von Studenten, Hochschullehrern und anderen Akademikern als eBook und gedrucktes Buch. Die Verlagswebsite www.grin.com ist die ideale Plattform zur Veröffentlichung von Hausarbeiten, Abschlussarbeiten, wissenschaftlichen Aufsätzen, Dissertationen und Fachbüchern.

Besuchen Sie uns im Internet:

http://www.grin.com/

http://www.facebook.com/grincom

http://www.twitter.com/grin_com

Janine Weber

Ist Minne gleich Minne?

Untersuchungen zur Minnekonzeption bei Walther von der Vogelweide

Essay zur Überblicksvorlesung „Grundlagen der Älteren Deutschen Sprache und Literatur"

zur Sitzung „Minnesang und Spruchdichtung"

Inhaltsverzeichnis

I. Einleitung 1

II. Untersuchungen zur Minnekonzeption anhand der Minnelieder: 1

Aller werdekeit ein füegerinne

Herzeliebez vrowelîn

Maniger frâget, waz ich klage

Ich bin nû sô rehte vrô

III. Literatur 7

I. Einleitung

In seinem Minnelied *Aller werdekeit ein füegerinne* (46,32) zeigt Walther von der Vogelweide, dass nicht nur die eine Art der Minne oder des Werbens existiert. Ausgehend von diesem Lied will ich Merkmale von hoher und niederer Minne zusammenstellen. An exemplarischen Liedern sollen spezifische Faktoren herausgearbeitet werden, um eine genauere Abgrenzung zu erreichen. Kann man von zwei völlig unterschiedlichen Begriffen von Minne sprechen, oder gibt es eine gewisse Schnittmenge? Verständlicherweise kann dieser Aufsatz nur Ansätze der Minnekonzeption anhand von Beispielen aufzeigen, die auch im Gesamtwerk Walthers von der Vogelweide nicht als allgemeingültig angesehen werden können. Dennoch sollen sie eine grundlegende Orientierung bieten. Die Textgrundlage bildet die Ausgabe *Walther von der Vogelweide – Leich, Lieder, Sangsprüche*, herausgegeben von Christoph Cormeau.

II. Untersuchungen zur Minnekonzeption bei Walther von der Vogelweide

Im Minnelied *Aller werdekeit ein füegerinne* (46,32) wird die *frowe Mâze* (46,33) um Rat gefragt. Das lyrische Ich möchte von ihr eine angemessene Art des Werbens, *ebene werben* (46,38), lernen. Dieses *ebene werben* soll jedoch nicht nur Glück in der Liebe schaffen, dann wäre wohl – wie z.B. bei Walther von der Vogelweide in 13,33ff. oder 40,19ff. – die *fro[u]we Minne* angesprochen worden.[1] Die *mâze* bedeutet das gemäßigte, angemessene und richtige Verhalten in jeder Situation, womit die *frowe Mâze* der *frowe Minne* übergeordnet ist.[2] Genau diese Ausgewogenheit im Handeln fehlt dem lyrischen Ich, was die letzten drei Verse der ersten Strophe thematisieren. Beide Extrema, das niedere und das hohe Werben, führen dazu, dass das lyrische Ich verletzt wird: *wirb ich nider, wirb ich hôhe, ich bin versêret* (47,1). Der asyndetische Parallelismus verdeutlicht, dass beides nicht das *ebene werben* ist, was das lyrische Ich sucht. Dieses Verletzt-Sein wird nun für jede Art des Werbens nochmals einzeln ausgeführt. Bei der niederen Art, *ze nidere* (47,2), sei das lyrische Ich beinahe tot gewesen. Als es nun auf hohe Art, *ze hôhe* (47,3), wirbt, ist das lyrische Ich *siech*. Dass auch dieses Werben auf hohe Art nicht richtig ist, unterstreicht das Wort *aber* (47,3). Deshalb klagt das lyrische Ich über die *unmâze* (47,4), die für seine Notlage verantwortlich ist. Mit der zweiten Strophe werden die niedere und die hohe Minne definiert. Da heißt es, die niedere Minne mache schwach, sodass der Körper *nâch kranker liebe* strebe (47,6). In welcher Bedeutung nun das Wort *krank* steht, lässt sich näher bestimmen, wenn man 47,7 betrachtet. Diese Liebe oder Freude tut weh, und zwar *unlobelîche*. Das heißt, sie schmerzt und bringt außerdem auch kein Lob ein.[3] Somit zielt wohl 47,6 darauf ab, dass man sich nach einer im Wert geringen und damit falschen Freude sehnt. Warum ist nun diese Art von Minne falsch? Geht es darum, dass die Frau bei der niederen Minne auch von einem niederen Stand ist?

---

[1] Vgl. Ehrismann: *Einführung in das Werk Walthers von der Vogelweide*. Darmstadt 2008, S. 101f.
[2] Vgl. Brunner: *Walther von der Vogelweide*. München ²2009, S. 118.
[3] Vgl. Ehrismann: *Einführung in das Werk Walthers von der Vogelweide*. Darmstadt 2008, S. 102.

Zieht man Walthers Minnelied *Herzeliebez vrowelîn* (49,25) hinzu, kann man ein tieferes Verständnis erlangen. Das lyrische Ich erklärt, dafür kritisiert zu werden, dass es seinen Gesang *zuo nider wende[t]* (49,32). Im Umkreis der höfischen Minnelyrik werden der soziale und der ethische Rang gleichgesetzt.[4] In dem Lied wird argumentiert, dass für die Liebe Besitz, Reichtum und Schönheit jedoch nicht ausschlaggebend seien. Die Liebe stehe über diesen materiellen Werten, wer dies nicht erkenne, habe niemals wahre Liebe kennengelernt: *Sie getraf diu liebe nie, / die dâ nâch dem guote und nâch der schoene minnent, wê, wie minnent die?* (49,36) Deshalb kann man das Wort *nider* nicht zwingend als niederen Stand deuten, auch wenn dies nicht auszuschließen ist.[5] Es geht vielmehr um das Ideal der Liebe, das über die Ständeordnung hinausgeht, und auch die Frau in die Verantwortung nimmt, minnewürdig zu sein. Frauen, die äußerlich sehr schön seien, seien vom Wesen her häufig grausam und gehässig: *Bî der schoene ist dicke haz* (50,1). Somit besteht ein Widerspruch zwischen Anspruch und Wirklichkeit. Doch *liep tuot dem herzen baz* (50,3), die inneren Werte, das liebe Wesen einer Frau wirke sich positiv auf den Mann aus. Durch das schöne Innere werde die Frau erst schön: *Liebe machet schoene wîp* (50,5), die umgekehrte Richtung von der *schoene* zum *lieben lîp* (50,6) gebe es nicht. Deshalb verträgt das lyrische Ich die Worte der Kritiker und bleibt in seinem Werben und in seiner Liebe beständig, unabhängig davon, *[s]waz si sagen* (50,11). Seine Liebe steht über den herrschenden Wertvorstellungen: Die vertraut mit *dû* Angesprochene sei *schoene* und habe *genuoc* (50,9), somit ist auch die Kritik an Besitz hinfällig. Ein gläserner Ring der Angesprochenen wird somit mehr wert als das Gold einer Königin (50,12). Diese Aussage ist angesichts der Ständegesellschaft sehr drastisch, da sie eine Königin und eine beliebige Frau auf eine Stufe stellt und nur nach den inneren Werten beurteilt. So kann eine beliebige Frau minnewürdiger als eine Königin sein. Für eine glückliche, erfüllte Partnerschaft fordert das lyrische Ich in der letzten Strophe *triuwe und staetekeit* (50,13) von der Frau ein, um dem *herzeleit* zu entgehen (50,15). Diese beiden Tugenden, die – wie die Darlegung der Kennzeichen hoher Minne zeigen wird – im Minnesang sonst die werbenden Männer versuchen zu beweisen, sind nun unabdingbar für eine Verbindung zwischen dem lyrischen Ich und der Adressatin: *Hâst aber dû der zweier niht, / sô müezest dû mîn niemer werden* (50,17f.). Eine minnewürdige Frau ist also sowohl fähig als auch gewillt, ein Minne-Glück auf Basis der Gegenseitigkeit herzustellen.[6] Doch schließt das Gedicht mit einem *ôwê* (50,18), der Angst, dass die Umworbene sich als minneunwürdig herausstellt und dem lyrischen Ich *herzeleit* zufügt. Die scheinbare Ebenbürtigkeit zwischen Mann und Frau wird also am Ende noch einmal in Frage gestellt, wenn nicht sogar revidiert. Am Hof ist die dargestellte Ansicht jedoch nicht etabliert, wie Walthers Verweis auf die Kritiker zeigt, weshalb sie unrühmlich ist und demnach gesellschaftlich als falsch angesehen wird. Oder meint die *kranke Liebe* hier nicht eher oder eben auch das sexuelle Verlangen, das nicht mit den höfischen Tugenden vereinbar ist?[7] Bedeutet nun die niedere Minne gleichzeitig eine erwiderte, erfüllte Liebe? Diesen Eindruck mag nun das Lied *Under der linden* (39,11) vermitteln.

---

[4] Vgl. Brunner: *Walther von der Vogelweide*. München ²2009, S. 102.
[5] Vgl. Ehrismann: *Einführung in das Werk Walthers von der Vogelweide*. Darmstadt 2008, S. 112f.
[6] Vgl. Brunner: *Walther von der Vogelweide*. München ²2009, S. 102.
[7] Vgl. Reichert: *Walther von der Vogelweide für Anfänger*. Wien ²1998, S. 80.

Hier nun ist die Textinstanz weiblich.[8] Sie schwelgt in Erinnerungen an ein Treffen mit ihrem *friedel* (39,22) in der Natur. Über den gesellschaftlichen Stand der Frau und ihres Geliebten gibt der Text keine Information. Die Bezeichnung *friedel* bedeutet eine innige Beziehung.[9] Die angedeuteten Naturbeschreibungen bilden einen locus amoenus, wo das Treffen stattfand.[10] Das lyrische Ich beschreibt in der ersten Strophe diejenige Stelle, an der sie mit ihrem Geliebten gelegen hat. Unter der Linde könne man noch *gebrochen bluomen unde gras* (39,16) finden. Spätestens jetzt wird deutlich, dass dieses Treffen sexueller Natur war, anscheinend die erste sexuelle Erfahrung für das lyrische Ich, worauf die gebrochenen Blumen hindeuten (daher auch der Fachbegriff der Defloration für die Entjungferung). Die erste Strophe endet mit dem Hinweis auf die singende Nachtigall. Der Klangrefrain *tandaradei* am Ende jeder Strophe (39,18.27; 40,8.17) wirkt wie die Nachahmung des Vogelgesanges[11] und gleichzeitig ein unbeschwert fröhlicher Ausruf des lyrischen Ichs in Erinnerung an dieses Erlebnis. In der zweiten Strophe berichtet das lyrische Ich von dem abgesprochenen Treffen. Der Mann sei bereits dort gewesen: *Ich kam gegangen / zuo der ouwe, / dô was mîn friedel komen ê* (39,20ff.). Die Begrüßung sei so schön gewesen, *daz ich bin saelic iemer mê* (39,25). Hier wird das Fortwirken der Begegnung deutlich gemacht: Obwohl diese vergangen ist, erfüllt sie das lyrische Ich mit so großem Glück, dass das Gefühl für immer anzuhalten scheint. Im Einfluss dieser Stimmung steht demnach auch diese Erzählung. Ein bloßer Gruß wird wohl für derartige Glücksgefühle nicht verantwortlich gewesen sein, weshalb hier erneut eine Anspielung auf körperliche Liebe vorhanden ist. Doch das einzige Detail der körperlichen Nähe bleibt die Erwähnung der vielen Küsse und der daraus resultierenden Röte des Mundes: *Kuster mich? wol tûsenstunt, / tandaradei, / seht, wie rôt mir ist der munt.* (39,26ff.) In der dritten Strophe wird dargestellt, wie der Geliebte den Ort, an dem er mit dem lyrischen Ich lag, vorbereitet habe. Das Bett habe er aus Blumen gemacht und, wenn jemand an dem Ort vorbeikäme, würde er lachen (40,4ff.): *Bî den rôsen er wol mac, / tandaradei,/ merken, wâ mirz houbet lac.* (40,7fff.) An dieser Stelle ist das Rosenbett wohl noch immer eingedrückt. Diese Erwartung, dass die Leute darüber lachen müssten, zeigt, dass keine völlige Ablehnung derartiger Ereignisse existiert haben kann und vielleicht die ein oder andere Person den heimlichen Wunsch nach etwas Ähnlichem hegt, wenn auch offiziell derartiges verpönt. Die Thematik ist offensichtlich nicht gewählt worden, um mit erotischen Details aufzuwarten, sondern um das vollkommene und andauernde Glücksgefühl als Resultat zu beschreiben. Doch gleich darauf in Strophe vier formuliert die Erzählerin ihre Sorge, dass jemand davon erfahren könnte: *sô schamt ich mich* (40,12). In 40,10 *Daz er bî mir laege* wird nun unmissverständlich deutlich gemacht, dass es zum Geschlechtsverkehr kam. Die Scham zeigt, dass die Öffentlichkeit ein solches Treffen missbilligen würde. Der Erzählerin ist daran sehr gelegen, dass niemand von ihrem Erlebnis erfährt, außer *er und ich, / Und ein kleinez vogellîn* (40,14f.). Von diesem erwartet sie *triuwe* in Form von Verschwiegenheit, implizit genauso von ihrem Geliebten: *daz mac wol getriuwe sîn* (40,18). Trotzdem führt sie kein Selbstgespräch, wie die Anrede *ir* (39,14), die dialogähnliche Gestaltung in 39,26 (*Kuster mich? wol tûsentstunt*) und der Imperativ *seht*

---

[8] Vgl. Ehrismann: *Einführung in das Werk Walthers von der Vogelweide.* Darmstadt 2008, S. 113.
[9] Vgl. ebd., S. 114.
[10] Vgl. Brunner: *Walther von der Vogelweide.* München ²2009, S. 106.
[11] Vgl. Hartmann: *Deutsche Liebeslyrik.* Wiesbaden 2012, S. 165.

(39,28) zeigen. Es wird vermutet,[12] dass Walther die Darstellung dem höfischen Publikum angepasst habe: Obszöne Ausführungen des Geschlechtsverkehres sind ausgespart, der Grundsatz der Verschwiegenheit wird gewahrt und die Indiskretion in Form der Handlung des Liedes wird verschleiert, wodurch erotische Fantasien im Publikum ohne Schamgefühl hervorgerufen werden konnten.

Bevor ich die Ergebnisse der niederen Minne zusammenfasse, fahre ich zunächst mit der Darstellung der hohen Minne fort, um einen Vergleichspunkt zu gewinnen. Weiter im Lied *Aller werdekeit ein füegerinne* (46,32) wird nun der hohen Minne die Wirkung zugeschrieben, dass man nach *werder liebe* (Lesart BCF) oder *hôher wurde* (Lesart A) strebt, wörtlich sich aufschwingt, was den Unterschied zur niederen Minne deutlich macht (47,8f.). Hier wird nun der Unterschied zwischen dem Unrühmlichen der niederen Minne (*unlobelîche*) und dem Lobenswerten der hohen Minne (*werder/wurde*) demonstriert. Die durch die hohe Minne angestrebte Freude wird als edel angesehen, bzw. die Folge der hohen Minne ist Ehre. Deshalb erscheint sie dem lyrischen Ich verlockend, was eine Personifikation der hohen Minne in Vers sechzehn veranschaulicht: Die hohe Minne winkt dem lyrischen Ich, dass es mit ihr geht. Das lyrische Ich wartet auf den Rat der *Mâze*, doch diese zögert (47,11). Welche Informationen über die hohe Minne können helfen, um dieses Zögern zu verstehen?

Untersucht man das Minnelied *Maniger frâget, waz ich klage* (13,33), so stößt man bereits in Strophe zwei auf die Aussage *minne ist aller tugende ein hort* (14,8). Die ritterlichen Tugenden bestimmen also das Werben um eine Frau, was eindeutig auf ein Lied der hohen Minne hinweist. Die hohe Würde der hohen Minne, die in *Aller werdekeit ein füegerinne* (46,32) genannt wird, machen diese Tugenden aus. Nun kommt auch die Klage (13,33) und das Leiden hinzu, eine Thematik, die ebenfalls durch die bisherige Textuntersuchung bekannt ist. Das lyrische Ich hat Hoffnung auf Gnade, vielleicht sogar erwiderte Minne der Herrin, doch gleichzeitig Zweifel, die ihm bei Eintreten Kummer bereiten (*mich müet, sol mîn trôst zergân*; 14,13). Strophe drei führt nun den Begriff der Treue ein, eine der zuvor genannten Tugenden. Hier wird die Hoffnung des lyrischen Ichs weiter ausformuliert: Das lyrische Ich erklärt, der Herrin *mit rehten triuwen* (14,15) ergeben zu sein und erhofft dasselbe von ihr. Der Ausdruck *holt sîn* in der Bedeutung ‚ergeben sein' weist auf den Minne*dienst* hin, während die weitere Bedeutung von *holt* als ‚liebevoll' oder ‚liebend' die emotionale Ebene erfasst. Und wieder folgt der Ausdruck des Zweifelns mit dem damit verbundenen befürchteten Leid (*triuget dar an mich mîn sin / […] leider lützel fröiden;* 14,16f.). Und doch gewinnt zum Ende der Strophe die Hoffnung, dass die Herrin die echte Treue des lyrischen Ichs erkennt und *daz si mir daz beste tuot* (14,21), die Wünsche in Erfüllung gehen. Das Lob der Herrin zeigt sich in *si ist sô guot* (14,18) und der *güete* (14,19), die das lyrische Ich hoch einschätzt. In Strophe vier wird nun das Problem erläutert, warum Frauen nicht sicher sein können, ob aus wirklicher Liebe geworben wird (*valscher minne mit sô süezen worten […] / Daz ein wîb niht wizzen mac […];* 14,25f.). Genau aus diesem Grunde, habe das lyrische Ich diese Zweifel und den damit einhergehenden Kummer (*manigen swaeren tac*; 14,29). Mit der Wortwahl *wîb* zeigt das lyrische Ich, dass es eine Aussage allgemein über Frauen macht, dass dieses Problem standesunabhängig zu sein scheint. Mit der Anrede *Frowe* (14,34) an die

---

[12] Vgl. Reichert: *Walther von der Vogelweide für Anfänger*. Wien ²1998, S. 86.

Adressatin des Liedes zeigt sich, dass eine Dame höheren Standes gemeint ist, womit sich dieses Lied auch noch eindeutiger der hohen Minne zuordnen lässt. Der Wunsch ist am Ende des Liedes nur der Gruß, den das lyrische Ich sich verdienen möchte: *lânt mit hulden / mich den gruoz verschulden, / der an friundes herzen lît* (14,35ff.). Dies zeigt die Distanz zwischen dem lyrischen Ich und der angesprochenen Herrin und den schwer zu erreichenden Kontakt zu dieser, da es schon um einen bloßen Gruß beten muss. Das lyrische Ich blickt zu der *frowe* auf, sie ist in der Machtposition, zu urteilen.

Ganz ähnliche Motive finden sich in dem Minnelied *Ich bin nû sô rehte vrô* (118,24). Das lyrische Ich formuliert in der ersten Strophe seine Hoffnung, dass es die Herrin dazu bringt, ihn zu lieben. Die Minne muss erworben werden (118,27). Die Erfüllung dieser Hoffnung wird als das höchste Glücksgefühl dargestellt: *sô stîgent mir die sinne / hôher danne der sunnen schîn* (118,28f.). Die Strophe schließt mit der Bitte um Gnade. Dass auch hier die Adressatin eine Frau höheren Standes ist, zeigen die Bezeichnungen *die guoten* (118,30) und *mîner frouwen* (118,27.37). Die zweite Strophe beginnt damit, dass das lyrische Ich seine Minneherrin bisher selten (*nie / sô dicke*, 118,30f.) sah, doch in diesen Augenblicken seine durch Zuneigung glänzenden Augen (*mirn spilten diu ougen ie*, 118,132) nicht verbergen konnte. Hier zeigt sich erneut die Distanz zwischen dem lyrischen Ich und der Minneherrin. Die enthusiastischen Gefühle der Liebe werden durch das Erleben der Natur dargestellt. So habe das lyrische Ich den kalten Winter, der von anderen Leuten als beschwerlich erlebt wurde, gar nicht bemerkt, sondern fühlte sich wie im Mai (118,33ff.). In Strophe drei erklärt das lyrische Ich, dass dieses Lied *mîner frouwen ze êren* (118,37) sei. Es verspricht, allzeit (*iemer*, 119,2) in ihrem Dienst zu stehen, um ihr mehr und mehr Freude zu bereiten. Dafür erhofft sich bzw. erwartet sogar das lyrische Ich ihren Dank: *des sol si mir wizzen danc* (119,1). Der Anklang der *staete*, der Beständigkeit des lyrischen Ichs durch den Begriff *iemer* in Strophe drei wird in Strophe vier – zwar nicht wörtlich, doch komplex ausformuliert – aufgegriffen. So sei es zum einen beständig in seiner Hoffnung und zum anderen, daraus resultierend auch beständig in seinem Werben um diese Frau. Diese Beständigkeit wird in einem konditionalen, rhetorischen Fragesatz erläutert: *kêrt ich mînen muot von ir, / wâ fünde ich danne eine sô wol getâne, / Diu sô waere valsches âne?* (119,7ff.). Die Dame wird als Ideal dargestellt, das so nicht noch einmal zu finden sei. Sie sei beispiellos ohne Fehler und schön. Doch auch diese Beschreibung ist dem lyrischen Ich nicht genug und es vergleicht die Minneherrin mit den mythologischen Gestalten Helena und Diana, die beide für ihre außerordentliche Schönheit bekannt sind. Im Wettstreit mit diesen beiden Frauen sei sie *schoener unde baz gelobt* (119,10). Das Leid des lyrischen Ichs wird zwar auch erwähnt, steht jedoch eher im Hintergrund, da auch das Lied mit dem Gefühl der großen Freude (*Ich bin nû sô rehte vrô*) beginnt. Die Gefahr des Leidens und gewisse Zweifel bleiben zwar immer präsent, wie die Konditionalsätze und potentiellen Aussagen zeigen (*swenne ez sich gefüeget sô*, 118,26; *Wol mac sî mîn herze sêren / [...]. daz kan si wol verkêren*, 119,3f.), doch die Hoffnung, dass jedes Leid durch die Gnade der Minneherrin in Freude umgekehrt wird, überwiegt.

Welche Merkmale ergeben sich nun für den hohen Minnesang Walthers? Zu allererst ist die Perspektive zwischen lyrischem Ich und der Umworbenen zu klären. Hier wird deutlich, dass das lyrische Ich der Frau untergeordnet ist und sie diejenige ist, die über Freude und Leid des lyrischen Ichs entscheiden kann. Diese Art von Minne beruht auf Einseitigkeit. Die Frau wird als *frouwe* und somit als adlige Dame bezeichnet, gehört zu einem höheren Stand der höfischen Gesellschaft. Es wird eine Distanz zwischen Mann und Frau deutlich, die Frau wirkt unnahbar. Zudem treten die höfischen Tugenden in den Vordergrund, vor allem die Treue, die Ehrlichkeit und die Beständigkeit, die für das Werben von großer Bedeutung sind. Auch die Idealisierung der Minneherrin wird jeweils deutlich, die das Leid und die trotzdem ungebrochene Beständigkeit und Hoffnung des lyrischen Ichs ermöglichen und begründen. Die hohe Minne wird als ehrbar und in der höfischen Gesellschaft angesehen beschrieben. Gleichzeitig kann man jedoch sagen, dass dem Werbenden zwar Ehre zuteilwird, auf Liebesglück zielt die hohe Minne jedoch nicht ab. Der Werbende bleibt in der Rolle des sehnsüchtig Hoffenden ohne eine begründete Aussicht auf Erfüllung. Gerade die Hoffnung auf erwiderte Liebe oder erwiderte Liebe direkt zeichnet die niedere Minne in den oben aufgeführten Beispielen aus. Auch eine sexuelle Beziehung kann eine Komponente darstellen. Gesellschaftliche Normen werden in den Hintergrund gedrängt und andere Werte herangezogen. So geht es vor allem um die Gegenseitigkeit in der Liebe, auch die Frau muss ihre Minnewürdigkeit beweisen. Sie wird nach ihrem Wesen und nicht nach Besitz oder Stand beurteilt. Gesellschaftlich ist diese Art von Minne jedoch nicht akzeptiert, sie kann zwar Momente des Glückes schaffen, doch besitzt keinen Wert und ist ehrlos. Ebenso, wie sich die Minneherrin bei der hohen Minne sicher sein kann, dass um sie mit wahrer Treue geworben wird, so besteht jedoch auch bei dem Werbenden auf niedere Art die Gefahr, dass sich die Geliebte als minneunwürdig erweist und zusätzlich zu der gesellschaftlichen Missachtung auch emotionales Leid auslöst.

Die letzten Verse in *Aller werdekeit ein füegerinne* wirken wie ein Zwiegespräch des lyrischen Ichs mit sich selbst. Es erklärt, dass es ‚verführt' oder ‚ins Verderben geführt' sei, wenn die *herzeliebe* käme (47,12). Versteht man *herzeliebe* als erwiderte Liebe und leidenschaftliches Begehren, so kann sie mit dem etablierten Konzept der hohen Minne nicht vereinbar sein und schafft Unausgeglichenheit, wirkt also der *mâze* entgegen.[13] Da der niederen Minne der gesellschaftliche Wert fehlt, widerspricht auch sie der *mâze* und löst *herzeleit* statt *herzeliebe* aus. Kann man also sagen, die Liebe kann nicht ausgewogen sein aufgrund ihrer leidenschaftlichen Komponente, sodass die *mâze* in ihr keinen Platz hat? Das *ebene werben* existiert demnach nicht? So kann auch das Fazit des Liedes verstanden werden: Das lyrische Ich hat eine Frau in den Blick gefasst und kann trotz der liebreizendsten Worte von dieser *schade von ir* (47,15) nicht ausschließen.

---

[13] Vgl. Brunner: *Walther von der Vogelweide*. München ²2009, S. 119.

III. Literatur

Primärliteratur

Cormeau, Christoph (Hrsg.): *Walther von der Vogelweide. Leich, Lieder, Sangsprüche.* 14. völlig neubearb. Aufl. Berlin 1996.

Sekundärliteratur

Brunner, Horst; Hahn, Gerhard; Müller, Ulrich, Spechtler, Franz V.: *Walther von der Vogelweide. Epoche – Werk – Wirkung.* 2. überarb. u. ergänzte Aufl. München 2009.

Ehrismann, Otfrid: *Einführung in das Werk Walthers von der Vogelweide.* Darmstadt 2008.

Hartmann, Sieglinde (Hrsg.): *Einführung in die deutsche Literatur des Mittelalters.* Bd. 1: *Deutsche Liebeslyrik vom Minnesang bis zu Oswald von Wolkenstein oder die Erfindung der Liebe im Mittelalter.* Wiesbaden 2012.

Reichert, Hermann: *Walther von der Vogelweide für Anfänger.* 2. neu bearb. Aufl. Wien 1998.

BEI GRIN MACHT SICH IHR WISSEN BEZAHLT

- Wir veröffentlichen Ihre Hausarbeit, Bachelor- und Masterarbeit

- Ihr eigenes eBook und Buch - weltweit in allen wichtigen Shops

- Verdienen Sie an jedem Verkauf

Jetzt bei www.GRIN.com hochladen und kostenlos publizieren